Momentum.

Momentum.

Nicole Patell

Nicole Patell

Momentum.

Digtsamling

Forlag: BoD – Books on Demand, Hellerup, Danmark

Tryk: BoD – Books on Demand, Norderstedt, Tyskland

ISBN: 978-87-4305-384-2

------- ·-------

Du tilhørte himlen,

og det vidste jeg godt.

Men jeg håbede bare,

at du ville føle dig hjemme

i mit hjerte

------- ·-------

------ ˙------

Jeg ville lyve,

hvis jeg sagde at jeg ikke elsker dig.

Så derfor

tier jeg stille.

------ ˙------

I en verden hvor alt kan købe for penge,

er det de ting, der ikke kan,

der er mest værd.

—————— ·——————

Vi er ikke ens, så prøv ikke at belære mig;

Vi vil hellere dø i armene på dem, vi elsker

og du vil hellere dø i armene på din Ph.d.

—————— ·——————

------- -------

At efterlade dig,

er som at slippe det reb, der sikrer balancen.

Balancen på gyngebroen,

der hænger over en kløft.

Men jeg danser på broen,

og slipper rebet.

Men kun i troen om, at vi nok skal klare den
alligevel.

------- -------

------ ------

Det er tomme hjerter og tomme blikke,

der besætter dette rum,

ligesom det kun er tomme ord, som skyller over
bordene,

som var bordene stenene på bundene i en flod.

Som om,

vi alle drukner i ingenting.

Som om,

vi drukner i meningsløsheden.

------ ------

_____ ·_____

Der er så mange ting,

jeg gerne vil sige.

Men jeg forbliver tavs,

for det var sådan, du efterlod mig.

_____ ·_____

Jeg ville lade dig gå,

hvis jeg troede det ville ændre noget.

_____ ·_____

————— ·—————

Det er rædslen for slutningen,

der afholder os fra at elske begyndelsen.

————— ·—————

―――― ˙――――

Det er som om,

du aldrig helt forsvandt.

Men om du holder fast i jeg,

eller jeg i dig,

det må være op til universet.

Dét univers,

som du så fint, en gang, også var en del af.

―――― ˙――――

‑‑‑‑‑‑ ‑‑‑‑‑‑

Det er ikke gråd, jeg ser der,

på din kind.

Nej, det er de fortabte og fortrængte minder,

der forlader dit, ellers, ængstelige sind.

‑‑‑‑‑‑ ‑‑‑‑‑‑

——— ·———

Ord;

det er som om,

der er for få,

og for mange,

på samme tid.

——— ·———

＿＿＿＿ ＇＿＿＿＿

Igen og igen,

dvæler vi ved fortiden,

fordi det eneste, vi ønsker er,

at vores nære også er en del af fremtiden.

＿＿＿＿ ＇＿＿＿＿

------ ˙------

Hvis du fremprovokerer det værste i mig,

men jeg det bedste i dig:

Betyder det så, at sjælesamspillet er harmonisk?

Eller er det nærmere kaotisk?

------ ˙------

------ ·------

Fejlagtigt,

bilder du dig selv ind,

at skammen og smerten er det mest ubærlige,

når det i virkeligheden er tomhed og stilhed,

der er undergangen.

------ ·------

------ ------

Grænseløs - grænsesøgende?

Uden en grænse er vi grænseløse,

og som grænseløse,

må vi søge grænsen.

For hvem kan ellers fortælle os,

hvor grænsen er?

------ ------

------ ------

Du stjæler det,

Jeg har aller mest kært.

Du stjæler alt

På nær følelsen af fiasko.

------ ------

------ ·------

Vi har aldrig rørt hinanden,

men du har rørt mit sind.

Faktisk,

har du mere end rørt det;

Du har defineret det,

forvrænget det,

ødelagt det.

------ ·------

------ ·------

Øjenlåget;

en dør,

en portal,

en invitation,

til de gemte minder,

som dagslyset ellers forsøger at tæmme.

Men den dør,

til hvad end vores nethinde gemmer på,

lukkes ikke.

Den forbliver åben, men ikke som en mulighed.

Men som et åbent sår.

Og dagslyset er endnu engang magtesløst.

------ ·------

------ ·------

Der er ingen identitet, som kalder.

Ingen lyst, savn eller længsel,

der kan kalde os hjem

For der er ingen identitet at vende hjem til,

for den blev aldrig skabt.

------ ·------

------ :------

Den konstante uforenelighed synes at ødelægge
hvad end for håb,

der måtte nære

dit ellers udsultede hjerte.

------ :------

Det eneste,

som gør os mere angst end døden - det må være
livet.

------ :------

———— ·————

At du er døv for de skrig,

du har efterladt i mit hoved,

betyder ikke,

at jeg er.

———— ·————

------ ------

Spejlet skildrer den paradoksale virkelighed:

Dem, vi ved, vi er,

og dem,

vi faktisk er.

------ ------

------ ·------

Verden har gjort mig farveblind,

og den er så udsultet for farver,

at jeg ikke længere ser farver.

Jeg ser kun sort og hvidt.

------ ·------

Du er varmen,

i dagens lys.

Du er varmen i nattens mørke,

og du er varmen

i det ellers kolde, men ufrivillige,

blik der bor i dine uforstående og længselsfulde
øjne.

------ ------

På én og samme tid,

lader og aflader

du den pistol,

du gang på gang sigter

med på resterne

af det hjerte, der engang var.

------ ------

------ ------

Jeg spejler mig i dine øjne,

men dine øjne lyver.

------ ------

Her mangler noget.

Men om det er i hjertet dit,

eller hjertet mit,

det kender jeg ikke svaret på.

------ ------

—————— '——————

Her er tomt, i vores hjerterum. I vores sind.

Der er tomt.

Er der også det, i jeres?

—————— '——————

I ungdommens og barndommens skygge,

trænger voksenlivets solskinsstråler til tider
igennem.

—————— '——————

------ ------

Vores udgangspunkt er forskelligt.

Det er vores prioriteter og baggrund også.

Fejlen er, at vi tror vi ved alt om et menneske, blot
ved at kigge på det.

Faktum er bare,

at du ikke ved en skid, min ven

- for du er jo blind

------ ------

------- ·-------

Når jeg nævner dig,

bringes de ting, som jeg så umuligt forsøger at slå
ihjel, til live.

Igen.

------- ·-------

------ ------

Min varme kind mod din.

Intet så vidunderligt,

intet så koldt,

Som din kind mod min.

------ ------

Her forstår ingen smerten.

Smerten, som alle har efterladt,

men som vi tilsyneladende ikke kan formå at
efterlade.

------ ------

------ ------

Kald mig bare masochist,

For at ville gøre det hele over igen.

Alt smerten.

Alle traumerne.

Alle tabene.

Alle de folk, som ville have fået de smukkeste liv,

men som nu er begravet.

Gør det mig til masochist

Eller gør det mig til menneske?

------ ------

------- :-------

Skyggerne synger,

minderne raser,

traumerne hvisker.

Og igen,

synes jeg at være døv for fremtidens, ellers
dragende, melodi.

------- :-------

------ ------

Jeg danser ikke i noget fucking måneskin.

Jeg danser i krig,

I smerte,

I traumer,

I død,

I længsel,

I tab.

Jeg danser i raseriets skygge.

Men jeg fucking danser.

Og det er pointen.

------ ------

Koldt og varmt.

Minderne raser og efterlader mig stum.

Stum på en sådan måde, at den efterlader dig
akkurat modsat:

Fyldt med ord.

Spørgsmål.

Sorg.

Det emotionelle sprog skriger.

Det emotionelle sprog, som ingen begriber - som ingen kan translatere.

Men det råber - det råber.

Det råber af en døvstum verden,

Som ikke begriber et sådant sprog

En verden, som drukner mig i stilhed.

——— ·———

Det, der i virkeligheden smerter mig mest,

er udtrykket, længslen, sorgen

i dine øjne,

som fastholder tanker, mangel på ord og min
længsel,

efter dit hjerte.

——— ·———

———— ·————

Pas på dit smukke hjerte.

Folk vil spise af det,

tære på det og ødelægge det

blot fordi de tror, at det vil fikse deres,

der er itu.

———— ·————

------- ·-------

Der er ikke noget andet liv,

og tilsyneladende heller ikke dette liv,

hvor vi kan være sammen.

------- ·-------

Det er tomme ord,

du fylder mig med.

Så nu er jeg også tom.

------- ·-------

------ '------

Jeg gav dig det hele.

Så nu,

står jeg tomhændet tilbage

og stirrer ind i den tomme væg,

hvorpå vores skæbnes maleri engang hang.

------ '------

——————— ·———————

Her er tomt.

Her er ikke engang lyder af mit hjerte, der banker.

For dit banker her heller ikke mere.

——————— ·———————

------ ·------

Jeg er bare et lærred,

af de penselstrøg,

du har ødelagt mig med,

lidt for lidt.

------ ·------

Livet er kort,

men det tror jeg ikke, de ved.

For de elsker som om der er en dag i morgen.

------ ·------

—————— ·——————

Kærlighedssprog - det var du aldrig.

Men du var et sprog for sig: et sprog, som kun jeg forstod.

Men nu forstår jeg det ikke længere.

—————— ·——————

------ ------

Morgensolen der stråler på din varme hud,

imens jeg gnider mareridtssøvnen ud af mine
øjne,

er nok noget af det smukkeste, jeg længe har set,

min skat.

------ ------

------ ------

Jeg er ikke din sol.

Jeg er din fucking måne, for jeg lyser også på dig i
dine mørke stunder,

når solen har forladt dit verdensbillede,

og det kun er kulden og mørket, der omfavner
dig.

Men det glemmer du,

når solens stråler kærtegner din kind.

------ ------

\--\-\-\-\- \·\-\-\-\-\-\-

Du elskede hvad jeg gjorde dig til,

og jeg elskede det,

jeg troede du var.

\--\-\-\-\- \·\-\-\-\-\-\-

Sikke en evne, det kræver

at blive ved med at drømme

når man konstant bliver vækket.

\--\-\-\-\- \·\-\-\-\-\-\-

———— ·————

Efterårssolen varmer de ellers kolde håndflader,

forårsaget af den angst,

som udfylder det ellers blodvarme hjerte,

der har til opgave

at føle hvad end angsten afholder mig fra at føle.

———— ·————

－－－－－－ ·－－－－－－

Det synes,

at den melodi, som livet nu engang synger,

er jeg døv for,

og det, der kalder, er stilheden.

－－－－－－ ·－－－－－－

53

------ ·------

Lille skat,

du er begravet i roser,

I løgne,

I svigt.

Du er begravet i sorg,

i had og kærlighed.

Du er begravet under verdens mørkeste tæppe

og du kommer aldrig til at se lyset igen.

------ ·------

—————— ·——————

Vi higer alle sammen efter noget,

der kan fjerne os fra det vakte øjeblik.

Men vi drømmer alle sammen om i morgen.

—————— ·——————

------ ------

Roen,

behaget,

fuldstændiggørelsen,

som skabes af sammensmeltningen af os,

og som førhen var intet andet end fantasiens
vision og løgnens hvisken,

den er jeg overbevist om eksisterer.

Fordi du eksisterer.

------ ------

------ ·------

Solnedgangen,

der forlader dine øjne,

er det eneste, der holder mig vågen.

------ ·------

—————·—————

Kunst udspringer af kaos,

for uden kaos,

ville der ikke være noget kunst.

Uden kaos,

ville kunsten ikke give mening.

For det er kaos,

der sammenbinder os.

Og det er kaos,

vi alle forstår.

—————·—————

------ ·------

Der er mange minder der forvrider,

forvrænger,

og fortrænger

det nuværende øjeblik med dig,

som jeg mest af alt

ønsker at elske.

------ ·------

------- .-------

Hvis der måtte findes noget,

der minder om et bankende hjerte i din
brystkasse,

så ville det gå i stykker

ved tanken om

at det nok aldrig kan forenes med hendes.

------- .-------

------ ------

Dit blik fanger min sjæl

og deri bor jeg:

i håbet,

i lysten,

i troen om,

at det er dér,

hjem er.

Og dér hjem altid vil være.

------ ------

―――――― ·――――――

Ikke at være okay

er nok en underdrivelse.

Ikke at være,

er nok nærmere sådan, det føles.

Sådan det forholder sig.

―――――― ·――――――

------ ·------

Der er noget familiært i dig,

i dit blik,

i dine hjerteslag.

Som om det familiære beroliger det kaos,

der bor i mine hjerteslag.

------ ·------

------- -------

Er vi overhovedet andet

end ufuldstændige identiteter,

som konstant forandres, forpurres og forvrides,

imens samfundet kalder det for

konkurrencedygtighed

bæredygtighed

og intelligens.

------- -------

―――― ˙――――

Hvis du forsvinder,

så lever jeg.

Hvis ikke, så forsvinder vi begge.

―――― ˙――――

------ ------

Jeg savner bare det familiære.

Men om jeg savner dig - det tror jeg ikke.

Du er bare personificeringen af det familiære:

indkapslingen af det.

Så derfor er det dig, jeg savner.

------ ------

------ ·------

Vi kommer alle sammen til et punkt i livet,

hvor vi bliver nødt til at bilde os selve ind,

at der findes en form for skaberautoritet,

som har til formål at rationalisere og
retfærdiggøre den, ellers,

uretfærdig smerte vi gennemgår i det øjeblikket.

------ ·------

－－－－－－ ·－－－－－

Jeg er ilden,

der brænder i dine lunger

og du er røgen,

der kvæler mine.

－－－－－－ ·－－－－－

—————— ·——————

På én eller anden måde,

er jeg draget af hvad end for sprog,

der taler tydeligere

end bogstaver.

—————— ·——————

———— ·————

Dit hjerte længes efter de ting, der ødelægger dit
sind.

———— ·————

Frygten er den,

der holder dig i live hver dag.

Men frygten er også den,

der slår dig ihjel på lang sigt.

———— ·————

------ ·------

De mærker det,

i sanserne.

De smager frygten,

i hjerterne.

De hører skrigene,

i deres sind.

De føler at de skal dø,

i deres krop,

og det gør de

hver

evig

eneste

dag.

------ ·------

------ ·------

Famler jeg I blinde her;

i mørke,

i rædsel,

og i fortidens kløer?

Og er du det første jeg ser?

Og derfor vækker du en længsel,

som sammenbinder forstand og ukendte tanker?

Eller er du så mærkværdig,

så umiddelbar

og så sjælekendt

at det føles så familiært?

------ ·------

------ ------

En længsel, som ej blot er længsel

men et savn.

Et savn som aldrig vil ophøre,

for det savn er evigt og uendeligt.

Ja, det savn er fortiden.

------ ------

------ ·------

Det er en folkesygdom,

måske en ny epidemi,

at hjerter, muligheder og mange andre ting

bliver taget for givet.

------ ·------

------ '------

De sociale reservebatterier er udtømt,

og kører nu på soldreven energi.

Men sandheden er,

at her ingen sol er.

------ '------

------ ------

I dag ønsker jeg bare at ligge her,

med dig ved siden af,

og holde dig i hånden.

I dag ønsker jeg bare at ligge her,

ved siden af dig,

og tro på at det hele nok skal gå.

I dag ønsker jeg bare "at være".

------ ------

————— ·—————

Fuglen længes efter den varme,

der ellers omslutte dens uskyldige og frie silhuet.

Som fuglene, længes sjælen efter det varme.

Fuglen flyver mod det varme og familiære syd,

og som fuglen,

længes sjælen efter den familiære varme.

Men modsat fuglen,

vender sjælen ikke hjem med sommersolen.

————— ·—————

— — — — — ·— — — — —

Hun vil hellere være en fri fugl i dit bur,

end i hendes eget

— — — — — ·— — — — —

Her er så smukt,

og du pynter dér på himlen.

Men mest af alt,

pynter du i mit hjerte.

— — — — — ·— — — — —

———— ·————

Men er vi andet end knuste drømme,

knuste hjerter og

knuste sind,

der forsøger at hele?

———— ·————

————— ·—————

Kolde hænder,

så kolde som fødder.

Men aldrig så kolde,

som den kulde, der bor I det blik

du overrumplede min sjæl med.

————— ·—————